AF330442

F. AYLIES (CAMILLE)

Ex-rédacteur de la TRIBUNE DE BORDEAUX.

GARIBALDI

ET

L'ARMÉE DE L'EST

RÉPONSE AU RAPPORT DE M. PERROT

député à l'Assemblée Nationale.

Prix : 50 centimes

EN VENTE

CHEZ LES PRINCIPAUX LIBRAIRES

et chez l'auteur, 164, cours Saint-Jean, à Bordeaux.

1875

F. AYLIES (Camille)

Ex-rédacteur de la TRIBUNE DE BORDEAUX.

GARIBALDI

ET

L'ARMÉE DE L'EST

RÉPONSE AU RAPPORT DE M. PERROT

député à l'Assemblée Nationale.

Prix : 50 centimes

EN VENTE

CHEZ LES PRINCIPAUX LIBRAIRES

et chez l'auteur, 164, cours Saint-Jean, à Bordeaux.

1875

GARIBALDI ET L'ARMÉE DE L'EST

RÉPONSE AU RAPPORT DE M. PERROT

DÉPUTÉ A L'ASSEMBLÉE NATIONALE

I

Toute la presse européenne s'est entretenue du rapport de M. Perrot sur les actes de la Défense nationale dans l'Est de la France, et notamment des passages de ce rapport où le général Garibaldi est présenté comme le principal auteur du désastre survenu au dernier moment à l'armée de l'Est.

On sait avec quelle indignation le général italien a répondu à ces attaques ; on sait aussi avec quel sentiment de dégoût la presse véritablement française a accueilli ce rapport écrit par un représentant à l'Assemblée nationale ; mais si retentissantes qu'aient été ces protestations, elles ne nous paraissent pas suffisantes pour notre dignité, pour notre patriotisme impunément foulé aux pieds : Garibaldi n'a pas craint d'affronter le danger pour combattre nos envahisseurs, c'est bien le moins que nous le défendions contre de nouveaux ennemis qui, pour n'être pas aussi à craindre, ne sont pas moins acharnés. Il nous paraît donc utile, nécessaire, dans l'intérêt de tous et particulièrement dans l'intérêt des indifférents et des ignorants dont on veut surprendre la bonne foi et exploiter la crédulité, de relever comme elles le méritent, de réduire à leur juste valeur, les accusations haineuses des grands politiques du centre droit en général et de M. Perrot en particulier, contre Garibaldi.

On connaît la conclusion du rapport Perrot :

« Si le général Garibaldi n'avait pas été un étranger,
» nous aurions été contraints de vous demander que ce
» rapport et les pièces qui le justifient fussent renvoyés
› par l'Assemblée au ministre de la guerre, afin d'exa-
» miner si le général Garibaldi ne devait pas être tra-
» duit devant un conseil de guerre. »

En conseil de guerre, le général Garibaldi ! On voit que pour des conservateurs, ils ne vont pas trop mal les modérés du centre-droit.

En conseil de guerre, l'homme dont on ne peut contester le désintéressement et le courage, et qui a mis au service de la France son inaltérable dévoûment, la bravoure de ses fils et de ses compatriotes ! En conseil de guerre, Garibaldi ! Il ne vous suffit donc pas, messieurs du centre droit, que cet homme se soit exposé au feu des canons Krupp et des fusils prussiens ? Vous voudriez le faire tomber sous le coup des balles françaises !

Nous savions de quels sentiments sont animés les cléricaux envers leurs adversaires, mais nous ignorions que le zèle de leurs acolytes pût atteindre ce degré.

Et dire que voilà le spectacle que donnent au pays ceux qui ont promis de le régénérer par leur ordre moral ! Il y aurait vraiment de quoi s'abandonner à la plus douce gaîté si les hommes politiques qui dirigent à l'étranger les destinées de l'Europe, ne se servaient pas de documents du genre du rapport Perrot, pour amoindrir notre influence morale à l'extérieur au profit de leur prépondérance.

Il semble que depuis trois ans, les leaders de la majorité parlementaire n'aient eu d'autre préoccupation que d'amoindrir, de déconsidérer, aux applaudissements de l'ennemi à peine chassé par la rançon, les hommes en qui s'est personnifié le patriotisme de la nation française ! Quand donc comprendront-ils, nos élus du 8 février 1871, qu'ils ont d'autres devoirs à remplir que de satisfaire leurs mesquines rancunes et leurs haines invétérées ?

Et voyez jusqu'où va la logique de nos hommes d'Etat. Si l'Italie observe l'expectative au lieu de secourir la France vaincue, l'Italie est une ingrate, indigne des sacrifices que la France a faits autrefois pour elle. On se souvient de leurs cris dès le début de la guerre. Si, au contraire, quelques patriotes italiens, sentant tout ce qu'il y a de fondé dans ce reproche, se dévouent, comme Garibaldi et ses compagnons d'armes, vite en conseil de guerre. Il faut avouer que nous sommes assez difficiles à contenter.

Mais passons, il y a longtemps que nous n'en sommes plus à compter les inconséquences de nos dirigeants, et voyons, puisqu'ils nous y convient par le rapport Perrot, quels sont les hommes véritablement responsables des désastres qui ont amené l'armée de l'Est à se réfugier en Suisse. Bien qu'un peu longue, une étude de cette nature présente certains attraits, notamment celui de laisser à chacun la responsabilité de ses actes, ce qui ne paraît pas être l'objectif des enquêteurs officiels. Nous nous attacherons, pour cela, à exposer en présence des accusations de M. Perrot, la vérité des faits.

II

On se souvient de l'émotion que produisit en Europe

la nouvelle de la mise en marche, sous le commandement du général Bourbaki, d'une armée de 120,000 hommes vers les lignes de ravitaillement des armées allemandes, dans l'Est. Le quartier général prussien à Versailles en éprouva tout d'abord une profonde émotion, et les gens du métier ne dissimulaient pas qu'une telle manœuvre, rapidement exécutée, était de nature à modifier sensiblement la face des choses. L'espoir revint au cœur des patriotes français.

Les craintes de l'état-major allemand étaient fondées et l'enthousiasme de la France entière avait sa raison d'être : Nous pouvions vaincre dans l'Est, et la victoire aurait eu des conséquences déplorables pour nos ennemis. Indépendamment des preuves matérielles, que nous résumons plus loin, à l'appui de notre assertion, nous n'en voulons d'autre témoignage, en ce moment, que la parole d'un homme dont le nom est mêlé à la plupart des combats victorieux livrés par nos soldats de ce côté, nous voulons parler du général Cremer.

« Dans huit jours nous menacerons le duché de Bade ! » disait le général Cremer à Dijon, après avoir passé la revue de ses troupes, le 29 décembre. C'était là, en effet, le sentiment de tous. Jamais l'ennemi n'avait montré tant de précipitation dans la retraite, jamais notre supériorité numérique n'avait été aussi grande. « Dans huit jours nous menacerons le duché de Bade », c'était là le mot exact de la situation, et l'on voit quels avantages incalculables la France devait trouver dans le succès de la manœuvre qu'allait commencer l'armée de l'Est. La formation de cette armée seule suffirait donc pour justifier, s'il était nécessaire, aux yeux des plus prévenus, l'œuvre grandiose entreprise par les hommes de la Défense nationale ; et, disons-le sans autre préambule, c'est seulement vers la mauvaise direction qui s'est exercée sur l'armée de l'Est que remonte la responsabilité de l'échec matériel éprouvé, en dernier ressort, par les hommes courageux qui ont conservé jusqu'au dernier moment l'espoir de sauver la patrie. Mais n'anticipons pas.

L'armée de l'Est se mit en marche, nos soldats échouèrent, l'armée battit en retraite, et, pour s'épargner une capitulation comme cette guerre seule en offre des exemples, elle dut se réfugier en Suisse.

A qui la faute ?

Est-ce au général Bourbaki, commandant en chef de l'armée de l'Est dont l'effectif devait atteindre 140,000 hommes ? En aucune façon, répond M. Perrot, la faute en est uniquement à Garibaldi, commandant un corps d'armée de 15 à 20,000 hommes dans la Côte-d'Or.

Et maintenant, que diraient les grands hommes du centre droit si nous ne nous appliquions qu'à les suivre scrupuleusement dans leur manière de discuter ? que diraient-ils si nous ne nous attachions qu'à déconsidérer des adversaires politiques dans l'examen d'une question spéciale qui sort du domaine de la politique ? Pousseraient-ils assez de hauts cris ?... A ce titre, le rapport Perrot n'est pas seulement une œuvre sans valeur, c'est surtout une œuvre de combat, et il est à désirer, pour la tranquillité du pays, que M. Perrot n'ait pas d'imitateurs. Nous ne nous engagerons donc pas dans la voie déplorable suivie par le député du centre droit; nous proclamerons simplement ce que nous croyons être la vérité, sans nous inquiéter de savoir si elle peut atteindre Bourbaki ou Garibaldi.

D'abord, il paraît assez étrange que le général Garibaldi ne disposant que d'un très petit nombre de forces et agissant en dehors du commandement en chef de l'armée de l'Est, soit rendu responsable du désastre de cette armée. Or, ce n'est pas plus juste que vraisemblable.

Lorsque le 27 décembre, nos soldats quittèrent, au nombre de plus de cent mille, leurs cantonnements autour de Chagny et de Beaune pour se diriger sur Belfort assiégé, les uns allant vers Dôle et Besançon, les autres vers Dijon et Langres, l'armée prussienne battant précipitamment en retraite sous le commandement de Werder, ne comptait pas plus de 35,000 hommes. L'armée assiégeant Belfort était d'une force à peu près égale, ce qui élevait à 70,000 hommes au plus l'ensemble des forces contre lesquelles l'armée de l'Est pourrait disposer de près de 140,000 hommes, sans compter les troupes de la garnison de Belfort.

Cette supériorité numérique nous assurait certainement la victoire. Il fallait seulement agir avec célérité, de telle sorte que Werder n'eût pas le temps de se retrancher dans de nouvelles positions, et que Manteuffel, trompé et encore en expectative en face Bourges et Nevers, n'eût le temps d'arriver au secours de Werder et de Treskow que pour apprendre leur échec et pour soutenir la retraite.

En considérant le temps employé par l'armée pour arriver sous Belfort, on peut dire que cette condition *sine quâ non* du succès a été absolument négligée par le général Bourbaki. Quinze jours ont été employés par nos soldats à faire un peu plus de cent kilomètres, du 27 décembre au 13 janvier, tandis que l'armée prussienne s'échapppait, à marches forcées, pour sortir du cercle de fer qui la menaçait.

Nous savons qu'on ne manquera pas de répéter, ce qui a été déjà dit plusieurs fois d'ailleurs, que les irrégularités dans la distribution des vivres, les fausses manœuvres, ont considérablement retardé la marche de l'armée. Or, il est bien prouvé aujourd'hui que ces irrégularités, ces fausses manœuvres sont le fait même de l'état-major de Bourbaki; nous ne voyons donc pas en quoi on peut rendre Garibaldi responsable de ces fautes capitales commises au début de la campagne, et qui ont si puissamment contribué à amener le désastre final. Les souffrances qu'éprouvèrent nos soldats à la suite des retards sans nombre et des irrégularités dans la manœuvre des corps en marche, avaient anéanti en eux cette ardeur, cette *furia*, qui fait toute leur force sur les champs de bataille. Que ceux qui en doutent interrogent les militaires qui ont fait la campagne de l'Est !

Pour donner une idée de la direction qui s'est exercée sur l'armée de l'Est, nous ne citerons qu'un fait à l'appui des faits généraux dont nous venons de parler.

La division Cremer, formant l'aîle gauche de l'armée, partit de Dijon le 30 décembre allant vers Langres. Après avoir fait un peu plus de vingt kilomètres sur cette route, elle tourna à droite, et le 2 janvier elle se trouvait cantonnée à Fontaine-Française, à une demi-étape de Gray. Pourquoi ce changement de direction, de deux jours en deux jours ? nos généraux avaient sans doute leurs raisons pour agir ainsi, et, en somme, il importait peu de remonter la rive droite de la Saône au lieu de la rive gauche, pour se diriger ensuite sur Belfort par Vesoul et Lure. Mais si cette démonstration à droite de la route de Langres présentait plus d'avantages que d'inconvénients, il ne pouvait en être de même des mouvements qui suivirent : la nuit même de son arrivée à Fontaine-Française, la division Cremer suspendait sa marche vers Gray, et le lendemain, 3 janvier, elle revenait sur Dijon à la nouvelle d'une menace vers le nord-ouest de cette ville, par un corps de Bavarois. Pas un Bavarois ne parut, il est vrai, mais le 8 janvier au soir la division Cremer couchait encore sous Dijon, tandis que l'aîle droite et le centre de l'armée se trouvaient à peine à trente kilomètres de Belfort, c'est-à-dire à plus de quatre-vingts kilomètres en avant.

Est-ce Garibaldi qui est responsable d'une telle manœuvre et de ses conséquences, ô grands hommes du centre droit?

Toutefois l'intrépide général Cremer ne tarda pas à réparer autant qu'il était possible la faute que venait de lui faire commettre l'état-major de Bourbaki : en moins de six jours la division arrivait à la hauteur de l'aîle droite et du centre, et le 15 au soir, après les marches les plus pénibles, elle prenait position en face Chenebier qu'elle devait enlever le lendemain. Pour parcourir une distance semblable, le gros de l'armée avait mis deux fois plus de temps.

A la droite et au centre, on déploya donc moins d'activité qu'à la gauche. La bataille de Villersexel livrée le 9 janvier et où le général Bourbaki déploya son courage habituel, fut suivie d'un temps d'arrêt qui vint accroître la mauvaise situation de l'armée. Au lieu de poursuivre sans relâche, sinon immédiatement, du moins le lendemain, le cours de ses succès, l'armée ne se remit en mouvement que le 13, comme si l'on eût voulu donner le temps à l'ennemi de se fortifier sur les positions qui gardent Belfort à 10 et 15 kilomètres en avant. L'état-major de Bourbaki devait savoir cependant, par l'expérience de Villersexel, que les Allemands n'étaient pas hommes à perdre leur temps· Pourquoi donc cet arrêt inconcevable dans les opérations du 10 au 13 janvier ? Est-ce faute de vivres ou bien à cause de la rigueur de la saison ? Ces deux objections ont été présentées ; la première ne peut avoir de valeur : un général doit toujours assurer ses appro-

visionnements ; quant à la seconde, quant au manque
de fers spéciaux pour la marche des chevaux sur les
routes glacées, nous répondrons que les Prussiens ont
bien su se procurer la matière et les ouvriers nécessaires en réquisitionnant immédiatement les forges et
les haut-fournaux de la contrée, et que rien n'empêchait
le général Bourbaki de les devancer les 10, 11 et 12 janvier.

Il est donc prouvé qu'à ce moment Bourbaki n'a pas
montré toute l'activité que l'on pouvait attendre de lui,
et que c'est grâce à cette perte de temps, du 10 au 13
janvier, que l'ennemi a pu se fortifier sur les crêtes du
mont Vaudois, tout le long de la Lisaine, et hérisser de
batteries de gros calibre les points les plus impor-
tants. Que pouvait faire à cet endroit le général italien
Garibaldi, messieurs du centre droit ?

Comment les opérations ont-elles été conduites ?
Nous serons très bref sur ce point. Nous ne pouvons
toutefois nous empêcher d'observer le développement
excessif de notre ligne de bataille, depuis Audincourt,
passant par Montbéliard, Héricourt et s'étendant jusqu'à Chenebier. N'eût-il pas mieux valu masser toutes
nos forces sur un ou deux points et suivre les grandes
voies menant directement à Belfort, que de s'engager
dans les chemins creux et étroits, dans les sentiers
glacés et impraticables de la vallée de la Lisaine ?
C'était l'avis d'un grand nombre d'officiers supérieurs
et le général Bourbaki se fût certainement bien trouvé
de s'y ranger.

On voit à quel malheureux concours de funestes
combinaisons est due la défaite de l'armée de l'Est, et
par suite l'échec final de l'œuvre patriotique entreprise
par la délégation de la Défense nationale. Rien, ni les
élucubrations malsaines des hommes de réaction, ni les
tentatives audacieuses des cléricaux de tout ordre, ne

parviendra à faire oublier ces fautes sans exemple dans nos annales, et que le découragement, l'abattement moral d'un homme seuls, peuvent expliquer. Chercher à faire retomber sur Garibaldi les conséquences des fautes commises par d'autres, c'est là un système qui ne prévaudra jamais, parce que la vérité domine toujours le mensonge, à quelque école qu'appartiennent d'ailleurs ceux qui se préoccupent peu du choix des moyens pour atteindre leur but inavouable et inavoué.

Mais nous y songeons, les détracteurs du patriote italien n'ont pas précisément insisté sur les événements funestes qui ont marqué la marche en avant de l'armée de l'Est, ils se sont surtout préoccupés d'écraser Garibaldi en l'accusant d'avoir, par son attitude, en présence des Prussiens de Manteuffel et de Werder, compromis la retraite de l'armée de Bourbaki. Nous avons jugé utile de combler cette lacune. L'armée de l'Est s'est laissé entraîner par la mauvaise fortune, comme un navire désemparé par l'imprévoyance de son capitaine s'abandonne au courant qui doit le conduire à sa perte. On conçoit, après cela, combien est peu importante la responsabilité encourue par le général Garibaldi pendant la retraite. Cependant, pour le tapage qu'a fait le rapport Perrot, on aurait pu penser que les crimes dont il est accusé dépassaient tout ce qu'il y a d'imaginable. Comment Garibaldi n'est pas accusé d'avoir bêtement mené l'armée de l'Est à la défaite sous Belfort ? Mais alors, il pourrait être encore plus criminel ?

Voyons donc les crimes d'ordre secondaire imputés à Garibaldi.

III

Le 18 janvier au matin, nos soldats, qui depuis trois

jours se battaient sans manger, quittèrent leurs positions autour de Belfort en se dirigeant, par diverses
routes, sur Besançon. A Besançon l'armée se ravitailla ;
mais son passage y fut marqué par une nouvelle faute,
non moins capitale et non moins inexplicable que celles
que nous avons déjà signalées. Trois jours furent perdus, sous le canon de cette place, soit à attendre des or-
dres, soit à faire des manœuvres contremandées immédiatement après. Parmi ces manœuvres, nous devons
citer celle qui fut prescrite, le 23 janvier, à la division
Cremer.

Averti de la présence de l'ennemi non loin de Besançon, Bourbaki donna l'ordre au général Cremer de
marcher en avant sur la route de Dôle. La division s'é-
branla immédiatement après et les Allemands furent
assaillis par nos soldats à 12 kilomètres de Besançon, à
Dennemarie, le 23 janvier au soir. On pouvait penser
que le combat recommencerait le lendemain et que l'on
reprendrait ensuite, sans rencontrer d'autre obstacle
important, la ligne de retraite qui offrait le plus de
ressources et de sécurité : la vallée de la Saône par la
vallée du Doubs. Le général Bourbaki changea d'avis et
le 24 au matin, avant le jour, la division Cremer revenait à Besançon.

Trois jours perdus pour l'armée et l'abandon de la
ligne de retraite la plus naturelle et la plus facile à
conquérir contre un ennemi encore bien inférieur en
nombre, tel est le bilan des trois jours passés sous la
place de Besançon. Ce n'est certes pas ainsi que le général en chef pouvait espérer de sauver l'armée de l'Est
d'une retraite en Suisse ; et cependant le général Garibaldi est seul rendu responsable du désastre final.

La faute commise par Bourbaki sous Besançon, est
d'autant plus fâcheuse, que si le mouvement commencé
vers Dôle, à Dennemarie, le 23 janvier, s'était accentué

vigoureusement, le désarroi causé dans les colonnes en·
nemies par leur impuissance à forcer nos positions vers
Dijon, les 21, 22 et 23 janvier, aurait encore augmenté.
Mais qui donc, direz-vous, a infligé trois échecs succes-
sifs aux Prussiens, sous Dijon, les 21, 22 et 23 janvier ?
Ce n'est ni plus ni moins que Garibaldi, celui que M.
Perrot et ses amis auraient fait passer en conseil de
guerre si c'eût été un général français.

Vous commencez à ne pas comprendre, lecteurs,
c'est cependant bien simple. Pour nos adversaires politiques, pour les monarchistes, sans distinction de mo-
narque, Garibaldi n'eût pas dû offrir à la France son
épée et le sang de ses enfants; son crime est là tout en-
tier. Mais nous, nous qui savons combien est grande
notre cause et qui ne combattons pas pour une caste,
nous estimons que le désintéressement du général italien en cette circonstance est aussi méritoire, aussi
digne, que l'acte par lequel le gouvernement de la Défense nationale a accueilli dans les rangs des défenseurs
de notre pays envahi, ce valeureux soldat du droit et de
la justice.

« Le général Garibaldi est le seul général qui n'ait
pas été vaincu » s'écriait Victor Hugo à l'Assemblée
nationale réunie à Bordeaux. Cela est vrai. Autun,
Dôle, Dijon et tout le pays avoisinant ces villes, ont été
témoins des exploits du général contre les Prussiens,
et nos ennemis ne craignaient rien tant que ses
bandes insaisissables. Qu'on consulte les habitants de
la Côte-d'Or, trop bien placés malheureusement, pour
fournir sur ce point d'irrécusables témoignages !

D'après les détracteurs du général italien, son principal crime consisterait dans l'abandon sans combat des
positions stratégiques importantes dont il avait la
garde, et dans son apparente inaction en présence des
troupes de renfort arrivant sous le commandement de

Manteuffel pour appuyer l'armée de Werder. Vraiment c'est peu.

. En poursuivant l'armée française en retraite, les vieilles troupes de Werder et de Manteuffel étaient moins occupées à atteindre ses derrières qu'à la resserrer dans la vallée du Doubs de façon à la mettre dans l'obligation de livrer bataille dans les conditions les plus défavorables ou de passer en Suisse. Le peu d'importance des engagements qui ont eu lieu du 18 au 28 janvier, et les routes suivies par l'ennemi le prouvent surabondamment. Si bonnes et si importantes que fussent les positions confiées aux compagnies franches de Garibaldi, le général italien ne pouvait qu'exposer inutilement, sans profit pour l'armée, ses soldats inférieurs en nombre et disséminés, tout en compromettant considérablement son propre corps et la place de beaucoup plus importante de Dijon. Si Garibaldi avait agi comme l'auraient voulu M. Perrot et ses amis, il se serait fait battre en détail, à chaque pas, en perdant ses positions une à une. L'infériorité matérielle des forces dont le général pouvait disposer, en face des troupes ennemies, est tellement manifeste que c'est à grand peine qu'il a pu se maintenir à Dijon les 21, 22 et 23 janvier, avec toutes ses forces réunies.

Dijon conservé, le chemin de fer de Lyon et la vallée de la Saône protégés, telles furent pour la France les conséquences relativement heureuses des manœuvres exécutées jusqu'au 23 janvier par le corps garibaldien. En même temps, l'armée prussienne avait échoué dans l'exécution de la seconde partie du plan qui lui était tracé, et, la guerre continuant, non-seulement elle pouvait être menacée, ainsi qu'on le verra tout à l'heure, par le poste avancé conservé à nos armes par Garibaldi, mais encore elle aurait été obligée de livrer des combats

acharnés pour pénétrer dans la vallée du Rhône que l'a_
bandon de Dijon lui eût livré presque sans coup férir. A
défaut de clairvoyance, l'acharnement des Prussiens à
vouloir rompre le cercle défensif tracé en avant de Dijon
par le vaillant patriote, eût dû montrer au général Per_
rot le peu de fondement de ses objurgations ; il eût certainement renoncé alors à écrire un rapport unanime-
ment désavoué par les hommes qui ne s'inspirent que des
intérêts du pays ! Mais non, il fallait essayer de déconsidérer à tout prix un citoyen dont le désintéressement
est tel que, conquérant de trônes, soldat de l'indépen-
dance des peuples, à qui Victor Emmanuel doit le
royaume d'Italie, il n'a d'autres revenus que ceux
d'une île inculte, et d'autre reconnaissance que l'indif-
férence ou le mépris de ceux pour lesquels il a com-
battu.

Devant ce parti pris, en face de cette haine, inconcevable si l'on songe que ceux qui en sont le plus animés se parent du beau titre de conservateurs, la France
patriote proteste de toute son énergie ; et puisque le
rapport Perrot, dont les accusations contre le grand
citoyen ont rempli les échos de la France et de l'é-
tranger, ne sera pas soumis au grand jour de la dis-
cussion publique, nous avons pensé qu'il devait recevoir
de l'opinion la leçon sévère, mais méritée, que la vérité
seule peut infliger aux politiques sans mesure dont les
attaques n'ont d'autre valeur que la raison d'Etat du
cléricalisme et de la monarchie.

Garibaldi n'a pas voulu se laisser entraîner dans le
désarroi de l'armée de l'Est ; il a pris dans ce but toutes
les mesures nécessaires ; on ne peut qu'admirer sans
réserve son attitude. Quant aux conséquences fàcheu-
ses que peut avoir eues pour l'armée de l'Est en retraite
l'abandon forcé, ainsi que nous l'avons démontré, de

quelques-unes des positions tout d'abord gardées par quelques compagnies garibaldiennes, elles ne peuvent être attribuées qu'au commandant en chef de l'armée de l'Est lui-même, ainsi qu'il résulte du passage suivant d'un livre écrit par un homme dont on ne peut pas plus contester le talent que suspecter le radicalisme, de M. de Freycinet, ancien délégué à la guerre, pour la délégation de la Défense nationale, bien placé, s'il en fut, pour se prononcer d'une façon équitable dans la question des responsabilités.

Tout d'abord, M. de Freycinet blâme l'état-major garibaldien, « Garibaldi étant malade, le 15 janvier, au point que le bruit de sa mort courut parmi ses troupes consternées », de n'avoir pas inquiété l'ennemi dans sa marche en avant et de s'être laissé tromper, par quelques uhlans, aperçus vers Semur et Montbart, sur la véritable direction suivie par les 45,000 Allemands du corps de Zastrow et du 7e corps. Nous avons déjà répondu à la première objection : Garibaldi devait à tout prix concentrer ses forces sous Dijon ; quant à la seconde, nous répondrons qu'il était bien permis à l'état-major garibaldien de se laisser tromper sur la véritable marche de l'ennemi sans passer, pour cela, pour négligent ou pour coupable, lorsqu'on songe que l'état-major de l'armée de l'Est se laissa tromper, le 3 janvier, au point de faire perdre NEUF jours à la division Cremer, sans que cependant on ait songé un seul instant à l'accuser de négligence ou de mauvaise volonté.

D'ailleurs, d'après M. de Freycinet, « l'erreur dans laquelle l'état-major garibaldien est resté pendant deux ou trois jours, n'eût pas, pour l'armée de l'Est, les conséquences directes qu'on pourrait supposer, car le mouvement réel fut connu 24 heures plus tard par une autre voie, et, dès le 18, il fut porté par l'administration de la guerre à la connaissance du général Bourbaki. Or, jusque là, celui-ci était resté devant Héricourt, espérant toujours prendre cette place, et le 18 seulement il commença sa retraite. Il n'aurait donc pu, même avisé plus tôt, changer ses dispositions commandées par le sort de ses tentatives sur la Lisaine. »

Quant à la responsabilité des « inconvénients » qui ont résulté de l'abandon de certaines positions et notamment de Gray et de Dôle, voici le passage du livre de M. de Freycinet, dont nous parlions tout à l'heure :

Ici, dit M. de Freycinet, les généraux Bourbaki et Garibaldi se rejettent mutuellement la responsabilité. Le général Bourbaki dit que le général Garibaldi avait mission de couvrir sa gauche et qu'il aurait dû, dès lors, défendre Gray et Pontaillier et, par suite, interdire les routes de Dôle. Le général Garibaldi objecte que ses forces n'étaient pas suffisantes pour défendre à la fois Dijon et les autres places ; qu'il pouvait bien envoyer des éclaireurs au loin, mais non de véritables corps en état de s'opposer de vive force à la marche de l'ennemi. Il donne comme preuve, qu'attaqué lui-même deux jours après à Dijon, il a eu toutes les peines, avec son corps franc et les 15 ou 18,000 mobilisés qui venaient d'arriver, à se défendre victorieusement ; que, dès lors, s'il avait envoyé du monde à Gray et à Pontaillier, il aurait été battu à Dijon et la ville aurait été prise, ce qui eût été l'abandon de sa mission essentielle.

En ce qui me concerne, tout en regrettant l'inaction du corps garibaldien (Voyons, M. de Freycinet, l'état-major garibaldien ne pouvait pas à la fois diviser ses forces et les concentrer !) *je considère que la défense de Dôle et des passages de la Saône incombait au général Bourbaki.* Un chef d'armée doit garder ses derrières et assurer ses communications. Or, c'est entre le Doubs et la Saône que l'armée de l'Est opérait. La place d'Auxonne nous appar-

tenant, Dôle, qui était entre cette place et le général Bourbaki, ne pouvait pas être gardé par le général Garibaldi qui
opérait de l'autre côté. Au surplus, les dépêches du général
en chef paraissent d'accord avec cette manière de voir. Car
c'est précisément dans le but de garder ses communications, qu'après son départ de Bourges, il réclamait l'envoi
du 15ᵉ corps. « Si nous sommes assez heureux, écrivait-il
de Châlons, le 26 décembre, pour enlever les deux points
convenus de la ligne ennemie et pour pouvoir continuer
notre marche vers ses communications, il est évident que
ces deux points devront être solidement gardés sous
peine de voir menacer ou même couper les nôtres. J'au-
rais trouvé à ce moment un appui précieux dans le 15ᵉ
corps pour jouer ce rôle *ou pour me permettre de faire tel
autre détachement qui m'aurait garanti mes communications.* » Or, le 15ᵉ corps ayant été envoyé quelques jours
après, il s'ensuit que les points principaux, et en tous cas
celui de Dôle, auraient dû être gardés par les propres dé-
tachements de l'armée de l'Est. On a pu même supposer
que le général en chef en agissait ainsi quand il écrivait
le 18 janvier : « Je prends toutes les dispositions nécessaires pour utiliser la Saône et l'Ognon. Je fais renforcer
la garnison d'Auxonne et rappeler à Besançon la 3ᵉ lé-
gion du Rhône. Je prescris au général Rolland de faire
occuper momentanément la partie de l'Ognon comprise
entre Marnay et Voray. »

On le voit, la garde des positions importantes de Gray
et de Dôle incombait si bien au général en chef de l'armée
de l'Est et non à Garibaldi, que Bourbaki en convient
lui-même en informant le gouvernement que toutes
ses dispositions sont prises pour garder la vallée
de la Saône par la vallée de l'Ognon et par la place
d'Auxonne.

Tous ces faits sont-ils assez concluants contre le rap

port Perrot, messieurs de la droite et du centre droit ?
Vos accusations sont-elles assez rapetissées ? Allons !
quittez le masque dont vous vous êtes affublés en dic-
tant ces lignes que, pour l'honneur de la France, un représentant du peuple français n'aurait dû jamais tracer,
et dites loyalement, à la patrie et à l'Europe entière, du
haut de cette tribune où votre impuissance se manifeste tous les jours, dites qu'en attaquant Garibaldi
vous avez voulu atteindre, non pas le général expéri-
menté, infatigable et indompté, malgré son âge et ses
blessures, mais bien l'adversaire déclaré, l'ennemi
loyal du despotisme clérical et monarchique. Cessez de
fatiguer votre éloquence et votre conscience à lancer
des traits obliques et empoisonnés contre un homme à
qui, comme députés, vous devriez tresser des couron-
nes civiques ! Admirez sa vertu, son désintéressement,
son amour pour l'humanité, sa haine pour l'injustice,
et cessez de l'attaquer, la France entière vous le dé-
fend !

Si cependant vous persistiez dans vos attaques ; si,
continuant à donner à tout un peuple le plus triste
exemple, vous continuiez à traduire par l'ingratitude
la plus outrée la reconnaissance française ; si vous vouliez renouveler contre Garibaldi les exploits de Cial-
dini à Aspromonte ; si vous vouliez poursuivre devant
l'Assemblée nationale la campagne si brillamment
commencée par le pseudo-général de Failly à Men-
tana et si bien continuée à l'Assemblée par M. Perrot; ayez au moins le courage de déclarer à la tribune
que vous n'agissez qu'en votre nom personnel et que
vos accusations sont pleinement désavouées par l'im-
mense majorité des citoyens français. Alors, vous ferez
au moins preuve de franchise dans l'accomplissement
d'un acte d'injustice et de mauvaise foi.

Mais revenons, pour terminer, aux manœuvres du corps garibaldien.

Garibaldi eut si peu raison de se maintenir sous Dijon à tout prix, les 21, 22 et 23 janvier, que le 27, au soir, le gouvernement lui prescrivait, en le renseignant sur la pénible situation matérielle et morale de l'armée de l'Est et en l'assurant d'une action simultanée de 15 mille hommes à Lons-le Saulnier et de 7 mille hommes par la route de Beaune à Dôle, de se porter rapidement par la vallée de l'Ouche sur Dôle, occupé par l'ennemi.

Comment le ministère de la guerre aurait-il pu demander pour l'armée de l'Est un secours qui aurait pu être si efficace, si Garibaldi n'eût pas conservé Dijon ? Comment le général italien eût-il pu intervenir au dernier moment de ce côté si, comme l'auraient voulu ses détracteurs, il avait fait battre, disperser en détail l'ensemble de ses forces ?

Douze heures après l'avis que lui avait transmis le gouvernement, Garibaldi commençait son mouvement, et le 29 au soir, il occupait Montrolland, position capitale qui commande Dôle. « Pendant la nuit suivante, la garnison prussienne reconnaissant l'impossibilité de résister, évacua Dôle et remonta vers Pesmes. L'armée de Dijon se préparait ainsi à entrer dans Dôle le 30 quand, tout à coup, l'annonce de l'armistice, conclu par le gouvernement de Paris, arrêta les troupes aux points où elles se trouvaient. »

Dès ce moment tous les efforts de Garibaldi pour dégager l'armée de l'Est étaient condamnés. Epuisée par plus d'un mois de fatigues, de privations et de combats; trompée par l'armistice, au moment le plus critique, durant près de vingt-quatre heures ; désorganisée, dispersée et étroitement resserrée entre les montagnes du Doubs et du Jura, il ne restait d'autre ressource à l'armée de Bourbaki que de chercher en Suisse un refuge contre l'ennemi et un peu de pain contre la faim.

On sait le reste, on sait avec quelle cordiale hospitalité les républicains des montagnes reçurent nos soldats exténués ; mais cela n'enlève évidemment rien à l'immensité du désastre, ni à la responsabilité de ceux qui n'ont pas su le prévenir.

A ce sujet, nous croyons en avoir dit assez pour qu'on sache maintenant à quelles causes sont dus nos échecs dans l'Est et la perte de l'armée de Bourbaki ; nous croyons en avoir dit assez pour qu'à l'avenir les hommes du centre droit jugent prudent d'être plus circonspects envers le général italien.

La vérité éclatante des faits vient justifier les protestations indignées de la France entière, outragée dans son patriotisme par le rapport de M. Perrot, et confondre les ennemis acharnés d'un grand citoyen et d'un vaillant soldat.

Bordeaux. — Imprimerie G. STENGER, rue Porte-Dijeaux, 91